Bijoux en résine

Véronique Lamory
de "L'atelier de Jade"

Photographies : Julien Clapot

l'inédite

Sommaire

J'ai mis du temps avant de vous proposer ce livre car j'ai attendu d'avoir un peu d'expérience pour partager avec vous ma passion pour la résine.

Bien entendu, les objets en résine existent depuis fort longtemps mais, après m'être documentée et avoir passé beaucoup de temps à expérimenter sur la création des moules et sur la meilleure façon de travailler la résine, je souhaite aujourd'hui partager avec vous ce que j'ai appris au fil de mes expériences.

La résine est un matériau magique qui offre énormément de possibilités !

À travers les sujets proposés dans ce livre, vous allez pouvoir en imaginer plein d'autres.

J'espère qu'à travers cet ouvrage ma passion deviendra la vôtre !

Jade

Matériel nécessaire

Matière première

Résine époxy : résine Gédéo cristal Schleiper, résine d'inclusion Crystal 'Glass Cléopâtre
Caoutchouc aux silicones Soloplast
Silicone RTV
Plastiline
Colorants spécial résine
Peinture vitrail
Pigments minéraux
Pigments liquides

Les nécessaires

Moules en silicone fond brillant
Moules en plastique dur
Emporte-pièce
Pâte polymère
Spray anti-adhérant
Flacon en verre
Bombe peinture Montana
Ruban de cache
Gobelets et cuillères jetables
Supports bijoux
Film rétroprojecteur
Balance de précision

Les Inclusions

Fleurs séchées
Pierres semi-précieuses, nacre, perles d'eau douce, toupies swarovski 4 mm
Fleurs nail art
Canes polymère nail art
Mécanismes horlogerie

Les finitions

Papier à poncer grain 400, 600, 800, 1000, 1200, 1500, 1800 voire 2000
Papier cristal ou papier de fleuriste
Clou
Polystyrène
Mini perceuse
Pâte à polir
Acétone
Dissolvant à ongles

Technique : réaliser les moules

Voici différents exemples de création de moules utilisés pour les bijoux réalisés dans ce livre.

Moule pour réaliser une perle en résine

✻ Fournitures

Une perle au choix 10, 15, 20 ou 25 mm
Petit verre en plastique
Plastiline dureté 55
Silicone
Spray démoulant
Boîte de récupération solide pour mélanger votre silicone

✻ Réalisation

Pour réaliser ce moule choisissez pour démarrer une perle ronde de 20 mm par exemple. Bouchez les deux trous de la perle avec un peu de plastiline en lissant la surface délicatement avec votre doigt. **(1)**

Malaxez un morceau de plastiline pour la rendre plus molle, étalez-la à l'aide d'un rouleau ou mieux : passez-la à la machine à pâte au cran le plus épais.

Découpez un cercle à l'aide d'un emporte-pièce de la même taille que le fond de votre mini-verre et déposez-le dans le fond en veillant à le laisser bien horizontal.

Lissez les bords délicatement, sans presser, la chaleur de vos doigts rendra la plastiline plus souple et elle épousera totalement le contour du verre. C'est important pour que votre silicone ne coule pas sous la plastiline.

Collez un tout petit rond de plastiline sur votre perle, juste en le pressant dessus et déposez votre perle dans le fond de votre verre en pressant de façon à ce que votre perle ne bouge pas lorsque vous verserez votre silicone. Aspergez-la de spray anti-adhérant pour moule. **(2 et 3)**

Ici il faut prévoir à peu près 40 ml de silicone, ajoutez votre durcisseur selon les instructions du fabricant. Mélangez longuement et soigneusement, puis versez en un filet très fin, en prenant votre temps et toujours du même côté pour éviter les bulles et ne pas faire bouger votre perle. **(4)**

Laissez durcir 24h.

1

2

3

4

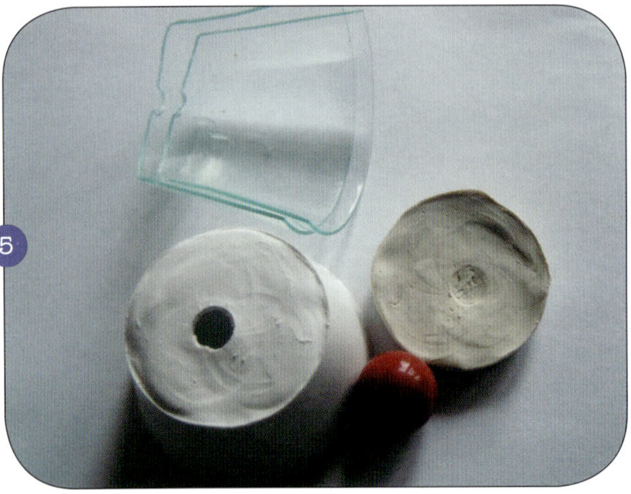

5

Coupez votre verre en plastique à l'aide d'une paire de ciseaux, retirez la capsule de plastiline et poussez votre perle à l'extérieur. Le petit rond de plastiline qui servait de support créera un petit trou lorsque vous expulserez votre perle. C'est par ce trou que vous pourrez couler votre résine et incorporer vos inclusions. (5)

Vous pouvez à présent créer vos moules à partir de différentes tailles de perles et différentes formes : cubes, ovales, etc.

Moule donut

⁂ Fournitures

Pour le moule

Forme «donut» lisse, sans aucun défaut ou griffures

Plastiline

Silicone en tube pour joint

4 morceaux de planche en bois ou plaque de verre, feuilles d'acrylique, plexiglas

Spray anti-adhérant

Silicone plus durcisseur

Base en bois ou carrelage

⁂ Réalisation du moule

Pour réaliser cette forme choisissez dans un magasin de bijoux fantaisie ou cherchez parmi vos bijoux une forme qui vous convient. Déterminez le diamètre de votre pièce.

Pour créer un moule à partir de la pièce choisie, vous pouvez par exemple réaliser un coffrage à l'aide de quatre morceaux de bois que vous allez fixer avec du joint en silicone que l'on utilise pour les joints de carrelage. Laissez bien sécher. (1)

Préparez votre base en plastiline, passez-la au rouleau ou à la machine à pâte pour qu'elle soit bien plane et déposez-la dans votre coffrage. Veillez à bien lisser le fond de votre plastiline, le long des bords en lissant avec vos doigts, sans appuyer.

Placez votre donut au milieu en appuyant légèrement et appliquez du spray anti-adhérant.

Préparez votre silicone et versez-la sur votre pièce en prévoyant à peu près un à deux cm de hauteur au-dessus de votre pièce.

Le moule obtenu sera ainsi assez épais et bien stable pour faciliter vos futures inclusions.
Laissez sécher 24h
et démoulez !

1

Moules papillon

⁜ Fournitures

Pâte polymère
Emporte-pièces papillon de différentes tailles (Making Clay)
Mini emporte-pièces ronds pour les trous dans les ailes
Résine époxy
Papier à poncer grain 600
Silicone et durcisseur
Plastiline
Spray anti-adhérant
Emporte-pièces ronds adaptés aux tailles des papillons

⁜ Réalisation

Pour réaliser vos moules en silicone vous pouvez créer vos propres formes à partir de pâte polymère.

Malaxez de la pâte polymère et passez-la à la machine à pâte au niveau le plus épais.

Découpez vos formes de papillon à l'aide d'emporte-pièces de différentes tailles. Deux mini papillons pour des boucles d'oreilles, un moyen et deux grands.

Dans un des grands papillons, creusez quatre trous dans chaque aile à l'aide du mini emporte-pièce rond. Placez toutes ces formes sur un carrelage et faîtes les cuire au four selon les instructions du fabricant. Après cuisson laissez refroidir puis poncez légèrement au grain 600, nettoyez sous l'eau pour ôter toute poussière.

Ces formes vont servir à la réalisation de vos moules papillons et doivent être parfaitement lisses. Pour que vos moules soient brillants à l'intérieur vous devez vernir ou résiner toutes vos pièces de tous côtés. **(1)**

Une fois cette étape réalisée, faites comme pour les moules précédents : déposez vos formes de papillon sur un morceau de plastiline bien plane, placez sur un carrelage, découpez à l'emporte-pièce et vaporisez vos papillons de spray anti-adhérant. **(2 & 3)**

Préparez votre silicone et versez-la dans chaque moule, de façon à ce que chaque papillon soit bien recouvert. Patientez 24h, démoulez vos pièces et enlevez la plastiline : vos moules sont prêts à l'emploi ! **(4 & 5)**

Vous pouvez ainsi réaliser vos propres moules à partir de pièces que vous aurez vous-même créées, toutes les formes sont possibles !

1

2

3
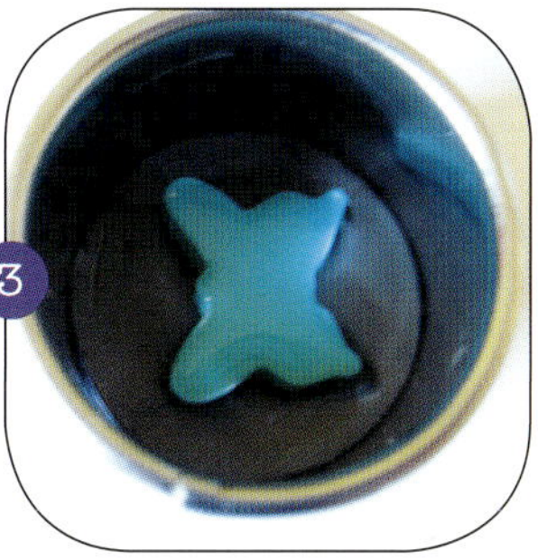

4

5
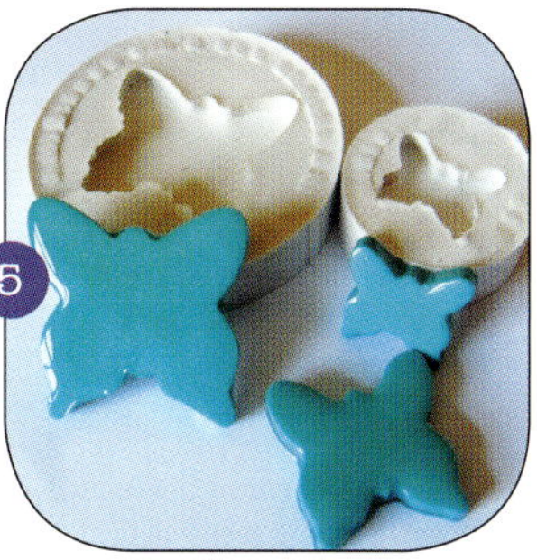

Moule boule en deux parties

⁂ Fournitures

Silicone (environ 150 ml au total)
Plastiline
Bille en verre ici 24 mm (ou 30, 35, 40 mm)
Carrelage
Blocs de construction type «Lego»
Spray anti-adhérant
3 perles de 6 mm
Élastique
Bout de crayon ou pointe en bois

⁂ Réalisation

Montez un coffrage d'une hauteur de 4 rangées avec vos blocs de construction.

Malaxez votre plastiline et créez un cube épais et bien plan qui rentrera dans le fond de votre coffrage. Lissez bien les bords de façon à ce que le silicone ne coule pas dessous. **(1)**

Enfoncez la bille du diamètre que vous avez choisie de moitié tout comme les trois petites perles qui serviront d'encoches de repère pour votre moule. Aspergez de spray anti-adhérant. **(2)**

Prévoir pour une boule de 24 mm (comme sur le modèle) environ 70 ml de silicone.

Faîtes votre mélange selon les indications de votre fournisseur et versez-le dans votre coffrage jusqu'au bord. Laissez le tout sécher 24h. **(3)**

1

2

3

4

5

6

Démoulez et vous obtenez un gros cube formé par le silicone et la plastiline. Ôtez la plastiline délicatement de façon à ce que votre perle en verre ne bouge pas, enlevez les trois petites perles. **(4 & 5)**

7

8

Remontez de nouveau votre coffrage tout autour de votre première partie de moule en silicone, sur une hauteur de 4 à 5 rangées. **(6)**

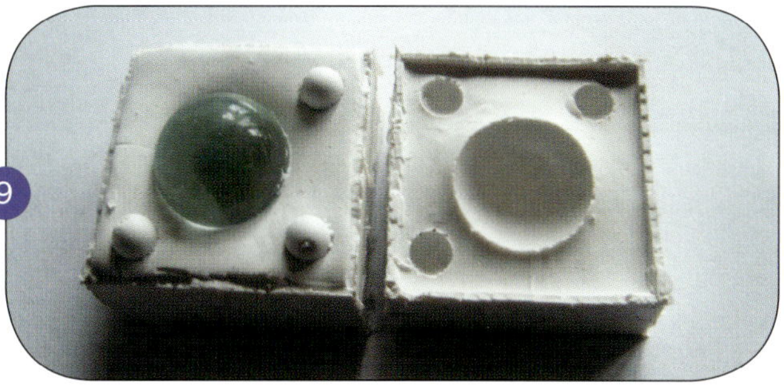
9

Vous aurez besoin d'une cheminée pour couler votre résine donc aidez-vous d'élastiques et d'une pointe en bois que vous placez au milieu de votre perle et que vous maintenez correctement en équilibre avec vos élastiques : cette étape est importante car rien ne doit bouger lors de la coulée de votre silicone ! **(7)**

Bien asperger de spray anti-adhérant. Préparez à nouveau 70 à 80 ml de silicone et versez très délicatement, d'un seul côté pour éviter de former des bulles dans votre moule et pour ne pas déséquilibrer votre pointe en bois. **(8)**

Attendez de nouveau 24h, démoulez. Vous voici en possession d'un joli moule en silicone, très pratique grâce à ses encoches qui permettront de bien emboîter ses deux parties. **(9)**

Moules pour bracelet bicolore

Fournitures

Moule bracelet de chez Résin Obsession (www.resinobsession.com)

Résine époxy transparente

Silicone au caoutchouc de chez Soloplast et durcisseur

Carrelage

Emporte-pièce rond de 10 cm de diamètre

Spray anti-adhérant

Papier abrasif, grains 400, 600, 1000 et 1500

Réalisation

Pour commencer, préparez de la résine transparente et coulez-la dans le moule en plastique dur pour bracelet. Patientez 48h avant de démouler votre bracelet.

Sur le dessus la résine s'est rétractée, il va donc falloir poncer afin d'obtenir un bracelet le plus lisse et soigné possible. Il faut commencer à poncer à l'eau avec le grain 400 puis 600 et affiner jusqu'au grain 1500. Une fois ce travail accompli nettoyez soigneusement votre bracelet sous eau savonneuse et laissez sécher.

Le bracelet que vous avez obtenu nous servira de base pour créer votre moule pour bracelet en résine bicolore. (1)

Vous allez maintenant procéder comme pour les moules précédents : malaxez environ 150 mg de plastiline que vous étalez bien horizontalement sur un carrelage.

À l'aide de l'emporte-pièce un peu plus large que votre bracelet, découpez l'excédent de plastiline. Posez votre bracelet en appuyant légèrement de façon à ce qu'il ne bouge pas lors de la coulée du silicone. Appliquez le spray anti-adhérant. (2)
Préparez votre mélange silicone/durcisseur : prévoir entre 200 et 230 ml, versez-le sur votre bracelet, laissez sécher 24h et démoulez. (3 & 4)

Découpez 1/4 de votre bracelet comme sur la photo jointe. (5)

Avec la partie des 3/4 du bracelet restant réalisez un autre moule en répétant toutes les étapes notées plus haut. (6)

Vous obtiendrez un moule pour bracelet entier et un moule avec un bracelet 3/4. Avec ces deux moules vous allez pouvoir créer toutes sortes de bracelets : bicolores ou avec inclusions diverses. (7)

Vous pouvez également créer vos bracelets en trois ou quatre parties selon vos envies.

1

2

3

4

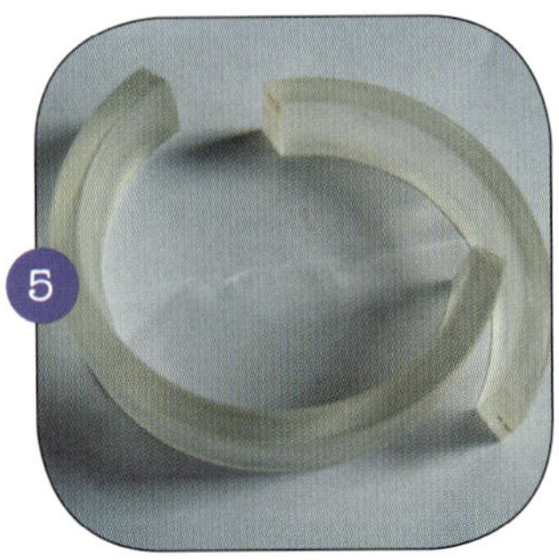
5

6

7

Moule pour bague

Fournitures

Bague choisie dans le commerce ou que vous aurez réalisée vous-même à partir de pâte polymère
Silicone
Plastiline
Spray anti-adhérant
Pot en plastique rond de récupération

Réalisation

Malaxez votre plastiline pour la rendre souple. Passez-la à la machine à pâte, au cran le plus épais et repliez votre morceau de plastiline en deux pour avoir une bonne épaisseur.

Coupez votre boîte en plastique à la hauteur désirée.

Découpez votre plastiline à l'aide d'un emporte-pièce rond qui correspond au diamètre du fond de votre pot. Déposez-la dans le fond, lissez tout autour des bords.

Déposez votre bague sur son dos, appuyez délicatement pour la fixer et pour qu'elle ne bouge pas lorsque vous verserez votre silicone. Appliquez le spray anti-adhérant. (1)

Préparez votre silicone et versez-le délicatement avec un léger filet pour éviter les bulles qui pourraient se former. (2)

1

2

3

4

Laissez sécher 24h. Enlever la plastiline. (3)

À l'aide d'un cutter repérez l'anneau de votre bague en écartant votre moule et coupez avec beaucoup de précaution tout au long de l'anneau jusqu'à ce que vous puissiez sortir votre bague. (4 & 5)

Vous pouvez aussi consulter pour vous aider dans la conception de bagues en pâte polymère du merveilleux tuto de Sylvie Péraud, voir son blog : Maniguette.com.

5
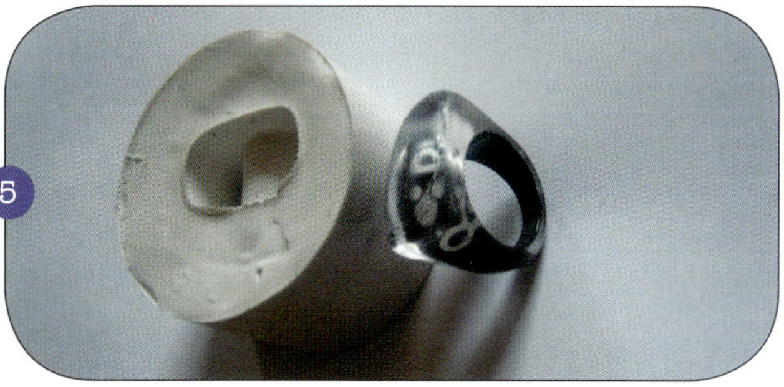

Imitation du verre poli par la mer

Fournitures

Résine époxy
Peinture vitrail bleu et vert (Pébéo)
Gobelets et cuillères en plastique
Huile de paraffine pure
Sucre cristallisé
Moule en plastique dur avec 7 formes de galets

Réalisation

⁂ Préparez votre résine transparente en suivant les indications du distributeur.

⁂ Ajoutez deux à trois gouttes d'huile de paraffine pour une quantité de résine équivalente au contenu des 5 cabochons de ce moule : elle va donner l'aspect opaque à votre résine, ce qui est l'effet recherché. **(1)**

⁂ Partagez votre résine dans différents gobelets en plastique et ajoutez de une à cinq gouttes de peinture vitrail par gobelet, ce qui vous permettra d'obtenir des dégradés de couleurs allant du vert pâle au bleu clair, ou au bleu plus prononcé, couleurs qui représentent au mieux le verre poli par la mer. Libre à vous de choisir vos nuances ! **(2)**

⁂ Bien mélanger et répartir vos couleurs de résine obtenues dans votre moule.

⁂ Si vous souhaitez une imitation de verre poli lisse, laissez sécher 48h et démoulez.

⁂ Si vous préférez un verre poli avec un aspect granuleux comme on les trouve parfois, attendez environ entre 12 à 15 h, en fonction de la température ambiante de votre pièce et saupoudrez votre résine de sucre cristallisé. Votre résine étant encore légèrement molle, le sucre va apporter des petites aspérités, tapotez très légèrement pour que le sucre ne s'enfonce pas dans la résine. Après 48h démoulez vos pièces et rincez-les sous l'eau chaude pour dissoudre le sucre.

⁂ Vous pouvez vous servir de vos pièces en guise de décoration ou bien les porter en bijoux.

⁂ Si après 48h, il vous est difficile de démouler vos pièces, n'insistez pas, patientez de nouveau 24h et vos pièces s'enlèveront très facilement. La température influe toujours sur le temps de prise de la résine ! Et les moules en plastique dur sont plus difficiles à démouler que les moules souples en silicone.

1

2

Pendentif flacon

Fournitures

Résine époxy transparente
Gobelet et cuillère jetables
Plumes
Cane pâte polymère fruits, fleurs ou au choix
Mini flacon en verre et fermoir
Chaîne à billes ou autre selon votre choix

Réalisation

- Préparez votre résine, laissez-la poser quelques minutes. **(1)**

- Remplissez vos flacons en vous aidant d'une aiguille pour chasser les bulles d'air et incorporez au choix des plumes ou des tranches de canes de pâte polymère mais également tout objet miniature tel que fleurs séchées, perles, coquillages…

Notez bien : pour éviter de vous retrouver avec trop de bulles à l'intérieur de vos flacons trempez d'abord chaque objet quelques secondes dans votre résine avant de l'inclure.

- Pour les modèles présentés, j'ai découpé de fines tranches de canes fruits ou fleurs.

- Quand les objets choisis sont un peu lourds ils risquent de se déposer dans le fond ce qui est moins joli.
Pour obtenir un effet de suspension, il suffit de laisser votre résine s'épaissir une fois à l'intérieur de vos flacons et seulement après ce laps de temps vous pouvez incorporer vos objets en les positionnant et en les poussant à l'aide d'une aiguille ou d'un cure-dent.

- Vous obtenez de jolis pendentifs colorés auxquels vous pouvez assortir vos bagues mais également des boucles ou bracelets pour un ensemble pétillant !

Astuce : pour obtenir des bijoux fleuris personnalisés il est tout à fait possible de créer vos canes vous-même avec un assortiment de couleurs que vous aurez choisi.

- Réduisez vos canes le plus possible de façon à ce qu'elles puissent passer par l'orifice du flacon et faîtes les cuire 10 minutes au four à 110 degrés, laissez refroidir et rangez-les dans des boîtes hermétiques pour les conserver.

- Quand vous voudrez les incorporer à la résine, il suffira de les tremper dans de l'eau bien chaude, elles ramolliront légèrement et ce sera alors très facile de couper avec une lame des tranches fines et régulières de vos canes, sans qu'elles ne soient cassantes.

1

Bijoux de style steampunk

Fournitures

Supports argent ou autre, au choix (LJS créations)
Colorant spécial résine noir (Rayher)
Résine transparente
Mécanismes d'horlogerie (Perles and Co)
Deux gobelets et cuillères jetables

Réalisation

⁕ Pour ce projet vous avez besoin d'une petite quantité de résine colorée en noir.

⁕ Après avoir placé vos supports en équilibre, versez une fine couche de résine noire, juste de quoi masquer la base du support. Ici nous utilisons du noir mais vous pouvez choisir toutes les couleurs de base que vous souhaitez. **(1)**

⁕ Laissez sécher à l'abri de la poussière pendant 24h.

⁕ Passé ce temps, préparez à nouveau la quantité de résine nécessaire à votre projet, laissez-la épaissir pendant environ 5 heures.
Déposez vos mécanismes sur le fond noir, les plus grands en dessous, les plus petits au-dessus. Certains éléments possèdent des pointes qui vont vous gêner pour vos inclusions ; coupez-les à l'aide d'une pince coupante. **(2)**

⁕ Versez votre résine transparente en n'hésitant pas à remplir un peu plus qu'au bord pour donner un aspect bombé à votre pièce, ce qui est du plus bel effet.
Au besoin, répétez l'opération le lendemain. **(3 & 4)**

⁕ Patientez 24h avant de toucher : vos bijoux de style steampunk sont prêts.

Astuce : quand vous avez besoin d'une petite quantité de résine mesurez à l'aide d'une petite cuillère à café : pour une cuillère de durcisseur deux cuillères de résine ; ou bien pesez la quantité que vous souhaitez sur une balance de précision.

⁕ Pensez à récupérer de vieilles montres pour inclure des cadrans, des mécanismes originaux ou bien servez-vous de dessin de cadran d'horloge que vous trouvez au rayon scrapbooking ou que vous imprimez.

1

2

3

4

Résine effet marbre

Fournitures

Résine époxy transparente
Poudre faux granite (Crafting Craft) que vous pouvez trouver dans différents tons
Gobelets et cuillères en plastique
Papier abrasif grain 600, 800, 1000, 1500 et 1800
Pâte à polir
Moules au choix : 1 galet rond, 1 donut et un moule bague (Furnityurmolds)

Pour le montage

1 anneau de bague réglable
1 attache pour donut en argent (Newperle)
1 cordon cuir ou buna corde au choix

Réalisation

⁜ Préparez votre résine.
Ajoutez la même quantité de poudre que de résine. Bien mélanger pour uniformiser.

⁜ Laissez épaissir quelques heures, remuez de nouveau délicatement et versez dans les différents moules que vous aurez choisis. Laissez sécher 24 h voire plus si nécessaire. **(1 & 2)**

⁜ À ce stade il y a juste quelques petites imperfections à enlever autour de vos pièces avec un papier abrasif grain 600, à utiliser avec de l'eau savonneuse.

⁜ Si votre pièce présente encore quelques mini-griffes, continuez votre ponçage toujours à l'eau savonneuse en utilisant successivement les grains 800, 1000, 1200, 1500, jusqu'aux 1800. Ce dernier enlèvera les rayures causées par les papiers abrasifs moins fins utilisés précédemment.

⁜ Ce procédé de finition vous servira pour toutes les finitions de vos réalisations en résine.

⁜ C'est un travail de patience car il faut poncer longuement avec chaque grain de papier abrasif, toujours avec des mouvements circulaires. Rincez régulièrement vos papiers dans l'eau savonneuse et une fois toutes ces étapes patiemment réalisées, terminez en lustrant avec une pâte à polir.

⁜ Fixez vos bijoux sur leurs supports avec de la résine.

Astuce : pour faciliter le collage de votre anneau de bague, déposez votre bague résine dans la cavité du moule dont vous vous êtes servi. Griffez le support de votre bague avec une lame, ce qui donnera une meilleure adhésion !

1

2

Bijoux effet d'optique

Fournitures

Moule en silicone réalisé à partir d'un moule à escargot ou moule demi-sphère en silicone
Résine époxy transparente
Colorants divers couleurs pour résine (Rayher)
Papier abrasif grain 600
Polisseuse
Pâte à polir
Mini-perceuse

Pour le montage

8 anneaux cuivrés ouverts de 9 mm
26 cm de buna corde brun de 2 mm d'épaisseur
Fermoir cuivré 13 mm
Deux embouts de cordon cuivré, colle forte
2 perles cuivrées à trou large

Réalisation

- Pour réaliser ces bijoux à effet optique vous aurez besoin d'un moule en silicone demi sphère ou bien d'un moule que vous aurez réalisé vous-même à partir d'un moule à escargot en inox, ce qui donne un plus joli résultat car les formes sont plus fines et moins hautes (voir instruction moules en silicone dans ce livre). **(1)**

- La réalisation de ces bijoux est simple et ne nécessite que du temps donc de la patience.

- Pour obtenir cet effet d'optique positionnez votre moule légèrement penché, en le plaçant de moitié sur un carrelage.

- Préparez votre résine en la teintant avec le colorant noir puis dispersez-en une petite quantité au centre de chaque lentille à l'aide d'une petite cuillère. Laissez sécher 24h à l'abri de la poussière. Ne bougez absolument pas votre moule. **(2)**

- Préparez de la résine que vous colorez en blanc et versez-en dans chaque lentille au-dessus de la résine noire, à peu près à moitié de la hauteur de chaque alvéole : à nouveau laissez sécher 24h. **(3)**

- Repositionnez votre moule à plat. Et terminez de le remplir avec de la résine noire. Attendez 24h puis démoulez vos lentilles. **(4 & 5)**

- Poncez légèrement les bords si nécessaire et passez chaque lentille à la polisseuse pour augmenter sa brillance, si vous ne possédez pas de polisseuse utilisez un chiffon doux imbibé de pâte à polir pour bijoux.

- Pour le montage, percez chaque lentille de chaque côté à l'aide d'une perceuse en respectant la position des aiguilles d'une montre à 10 et à 14h. Fixez-les entre elles avec un anneau cuivré.

- Coupez votre buna corde en deux, vous obtenez 13 cm de corde de chaque côté. Passez un morceau dans l'anneau qui termine une de vos lentilles et pliez-le en deux. Glissez une perle sur le cordon replié et fixez le tout dans un embout à cordon avec de la colle.

- Il ne vous reste plus qu'à monter le fermoir avec deux anneaux et accompagner votre collier avec une bague lentille optique que vous aurez collée sur un support.

- Avec ce projet vous pouvez décliner vos couleurs à l'infini, ou accentuer l'effet optique en jouant sur la position plus ou moins penchée de votre moule. Vous pouvez également l'utiliser à plat dès le début ce qui est peut-être plus facile pour votre premier essai et qui donne un très joli résultat aussi !

1

3

2

4
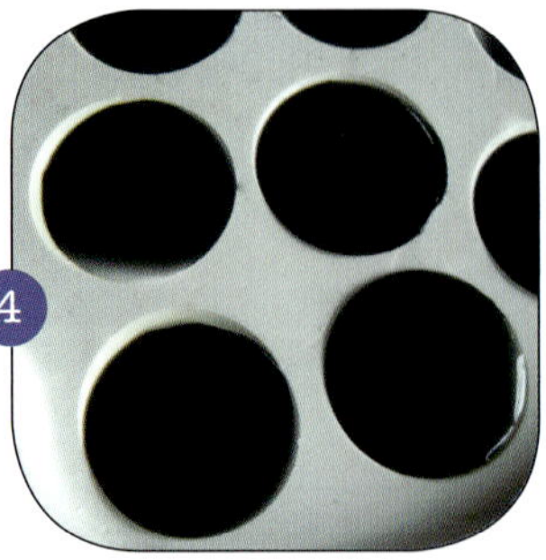

5

Ensemble fleuri pour un petit air scandinave...

Fournitures

Pendentif rond argenté de 25 mm (Shopping perles)
Support de bague argenté réglable 20 mm (Shopping perles)
Résine époxy transparente
Colorant pour résine turquoise (Rayher)
Gobelet et cuillère en plastique
Fleurs séchées nail-art rouges
Cure-dent
Papier fleuriste

Pour le montage

Chaîne à bille argentée 1,5 mm
2 embouts pour chaîne à bille (ref OAC-321)
2 anneaux argentés
1 fermoir argenté

Réalisation

- Pour réaliser cet ensemble vous avez besoin la valeur d'environ une cuillère à café de durcisseur pour 2 cuillères à café de résine. Versez le tout dans un gobelet en plastique jetable.

- Mélangez doucement à l'aide d'une cuillère de façon à éviter les bulles.

- Versez quelques gouttes de colorant turquoise (2 à 3 gouttes suffisent!) et mélangez à nouveau. Puis laissez poser la résine quelques minutes, le temps qu'elle se stabilise.

- Mes supports **(1)**

- Placez votre support de pendentif en équilibre sur une simple plaque. N'oubliez pas de déposer sur la plaque un morceau de papier de fleuriste cristal, ce qui évitera à votre pendentif de coller à la plaque si la résine venait à couler ! Ici j'ai versé un fond de résine turquoise environ à mi-hauteur du pendentif ce qui me laissera de la place pour le décor. **(2)**

- Faites la même chose pour la bague que vous maintenez droite à l'aide d'une épingle à linge. **(3)**

- Laissez sécher à l'abri de la poussière pendant au minimum 12h.

- Déposez sur chaque support une fleur séchée, ici j'ai choisi le rouge car j'aime l'alliance du turquoise et du rouge qui me rappelle les tons scandinaves que j'affectionne particulièrement. Mais il existe différentes couleurs : blanc, mauve, vert... que vous pourrez harmoniser avec le fond choisi pour vos bijoux ! **(4)**

- Déposez quelques gouttes de résine sur chaque fleur, pas trop mais juste de quoi la fixer à sa base. En effet, les fleurs séchées ont tendance à flotter et si on les recouvre directement de résine transparente, elles vont monter à la surface ou bouger dans leur support !

- Il va falloir de nouveau attendre 12h... mais croyez moi : c'est la méthode la plus facile !

- Après ce laps de temps préparez à nouveau la même quantité de résine transparente et recouvrez entièrement les fleurs, d'abord à l'aide d'une cuillère puis au goutte à goutte avec un cure-dent par exemple, cela vous aidera à mieux gérer la quantité de résine que vous déposez. Continuez jusqu'à ce que vous obteniez un joli dôme sur vos bijoux !

- Patience ! Il va falloir attendre de nouveau 24h, résistez à l'envie de toucher ! Et vos bijoux seront secs !

- Pour le pendentif il suffira de passer votre chaîne à billes, prévoir entre 42 et 45 cm de longueur.

Astuce : si malgré votre attention un peu de résine a coulé sur vos supports, imbibez un papier absorbant de dissolvant à ongles et nettoyez jusqu'à disparition de toute trace. Veillez surtout à ne pas toucher votre décor !

1

2

3

4

Rétro ou romantique ?

Fournitures

Supports bague, pendentif et bracelet argentés (LJS créations/Apprêts tout)

Résine époxy transparente

Colorant blanc

Feuilles transparentes pour rétroprojecteur

Réalisation

⁜ Placez vos supports pendentif et bracelet sur un carrelage recouvert de papier fleuriste et votre bague en équilibre sur une boule de pâte polymère, un morceau de plastiline ou entre deux supports de même hauteur.

⁜ Préparez une petite quantité de résine, environ une cuillère à café de durcisseur pour deux de résine. Mélangez et ajoutez quelques gouttes de colorant blanc.

⁜ Divisez votre résine dans vos divers supports, il ne faut en mettre que très peu, juste de quoi colorer le fond de vos supports, laissez sécher 24 h.

⁜ En attendant, choisissez votre décor. Ici un modèle rétro noir et blanc que j'adapte et redimensionne à l'aide d'un logiciel de dessin (par exemple OpenOffice).

⁜ Imprimez et laissez bien sécher votre feuille, puis découpez à l'aide d'une paire de ciseaux avec la plus grande précision possible.

⁜ Préparez de la résine transparente, déposez-en quelques gouttes sur votre fond blanc puis déposez votre décor et recouvrez-le entièrement de résine.

⁜ Attendre 24 h. Pour une finition parfaite recoulez un peu de résine pour former comme un dôme au-dessus de vos bijoux.

⁜ Pour le projet pendentif romantique (ci-contre à gauche) utilisez un moule en silicone de 3 cm de diamètre.

⁜ Avec ces moules, pensez que vous travaillez à l'envers ! En effet, lorsque vous démoulerez votre pièce, l'endroit correspondra au fond de votre moule !

⁜ Alors commencez par verser votre résine transparente puis placez votre décor que vous recouvrez lui aussi d'une fine couche de résine transparente.

⁜ Laissez sécher 24h, n'enlevez surtout pas la première partie de votre bijou du moule, car la résine colorée que vous allez ajouter coulerait par dessous et gâcherait totalement votre travail.

⁜ Préparez de la résine blanche et remplissez votre moule jusqu'au bord. Laissez sécher 24, voire 48h.

⁜ Poncez les bords de votre pièce en la tenant bien à plat sur un papier abrasif (grain 600) humide en faisant des mouvements circulaires.

⁜ Fixez votre bélière avec de la colle forte ou de préférence avec de la résine pour une tenue impeccable.

⁜ Pour le collier rétro avec l'impression de fraise, j'ai utilisé un moule à escargot en silicone.

⁜ Les possibilités de bijoux avec cette technique d'impression sont infinies ! Amusez-vous bien !

Je
t'aime.
ch liebe Dich.

Bijou bicolore

Fournitures

Moule en silicone rond (Furnityurmolds)

Résine époxy transparente

Peinture vitrail bleu turquoise et noir

Fleurs séchées bleues pour nail-art

Pour le montage

Support à pincer en argent

Cordon bleu ciré (Perles and Co)

Embouts ronds en argent 2 mm

Deux anneaux ouverts en argent et un fermoir 13 mm

Colle forte

Réalisation

⁜ Pour réaliser ce bijou, choisissez une forme, ici un exemple avec un moule rond. **(1)**

⁜ Placez-le sur un carrelage de façon à ce qu'il soit penché à 45°. **(2)**

⁜ Préparez votre résine et ajoutez de la peinture vitrail bleu avec une très légère pointe de colorant noir pour la foncer.

⁜ Vous pouvez utiliser aussi toute autre couleur de votre choix.

⁜ Versez la résine dans le bas de votre moule jusqu'à mi-hauteur. **(3)**

⁜ Laissez sécher sans bouger votre moule, patientez 24h.

⁜ Positionnez votre moule à plat.

⁜ Préparez à nouveau une petite quantité de résine que vous laissez épaissir.

⁜ Trempez vos fleurs séchées dans votre préparation ce qui évitera des bulles et placez-les dans votre moule. **(4)**

⁜ Remplissez votre moule. Là aussi vous travaillez à l'envers et lorsque vous démoulerez le fond deviendra le dessus de votre bijou ! Pensez-y lorsque vous placez vos inclusions dans votre moule ! **(5)**

⁜ Une fois votre bijou bien sec, poncez les bords de votre pièce en la tenant bien à plat sur un papier abrasif (grain 600) humide en faisant des mouvements circulaires.

⁜ Percez votre bijoux bien au milieu et fixez votre support. Vous pouvez aussi utiliser une bélière à coller.

⁜ Coupez entre 42 à 45 cm de cordon ciré assorti à votre résine colorée, collez les deux embouts ronds avec de la colle forte. Passez les anneaux et le fermoir.

1

2

3

4

5

Bijoux rayés et au pochoir

Fournitures

Fournitures pour le pendentif noir rayé blanc	Fournitures pour le collier au pochoir
Moule en silicone rond de 40 mm	1 moule en plastique rond de 30 mm (Little-windows.com)
Résine époxy transparente et colorant noir	Résine époxy transparente
Ruban adhésif de masquage	Colorants : orange, bleu turquoise, blanc et vert
Bombe de peinture blanche (Montana)	Pigments en poudre : bleu, vert et orange (Rayher)
Support pendentif	Pochoirs adhésifs au choix
Perles et accessoires pour collier à votre choix	Gobelets jetables
3 gobelets plastique et 1 cuillère jetable	Bombe de peinture blanche (Montana)

Réalisation du collier rayé noir

- Préparez votre résine que vous colorez avec quelques gouttes de colorant noir.
Versez-la dans votre moule rond et laissez sécher au moins 24h.

- Une fois votre pièce bien sèche, découpez des longueurs de ruban et créez votre motif.
Ici j'ai choisi des rayures mais vous pouvez également créer des chevrons ou toute sorte de motif selon votre inspiration. **(1)**

- Faites bien adhérer les rubans sur la base et déposez trois couches de ruban par rayure en veillant à laisser dépasser un bout à l'arrière pour pouvoir facilement les retirer par la suite. Recouvrez également tout le tour du pendentif pour éviter qu'il ne soit aspergé par le spray. **(2)**

- Une fois la pièce bien préparée et protégée, déposez-la sur un papier journal ou autre macule et sortez à l'extérieur pour appliquer la peinture afin de ne pas respirer les émanations.

- Secouez bien votre bombe et aspergez votre pendentif ; inutile d'en mettre trop, cela risquerait de créer des bulles. **(3)**

- Cette peinture sèche très vite, vous pouvez décoller vos rubans délicatement un à un après 20 mn de pose. Attendez 24 h et terminez votre pièce en la recouvrant d'une fine couche de résine pour une jolie finition. **(4)**

- Une fois votre bijou bien sec, poncez les bords de votre pièce en la tenant bien à plat sur un papier abrasif (grain 600) humide en faisant des mouvements circulaires.

- Il ne vous reste plus qu'à coller votre bélière, soit avec une colle forte, soit avec un peu de résine et faire votre montage.

Astuce : utilisez régulièrement de papier de fleuriste pour travailler avec la résine. En effet, il se décolle facilement de vos résines et protégera votre plan de travail.

- Pour le collier fuchsia, vous pouvez créer vos formes à partir de pâte polymère puis en silicone (voir p. 7 moules papillon), et utiliser la même technique que pour le pendentif noir et blanc.

1

2

3

4

Réalisation du collier avec pochoirs

⁎ Préparez votre résine transparente, divisez-la dans trois gobelets différents et ajoutez quelques gouttes de colorant. Pensez à mélanger différents colorants pour obtenir vos couleurs préférées : ajoutez une pointe de blanc pour adoucir le vert par exemple. Coulez délicatement votre résine dans les moules, en laissant un bord libre de 5 mm environ.

⁎ Laissez sécher 24h.

⁎ Le lendemain, préparez à nouveau une petite quantité de résine sans durcisseur. À l'aide d'une petite cuillère à café déposer trois petites parts de résine, bien espacées, sur du papier cristal ou un carreau de carrelage. Avec un cure-dent, ajoutez une petite quantité de pigments à chaque part de résine : j'ai choisi des pigments vert, orange et bleu pour assortir à chacune de mes pièces en résine préalablement effectuées.

⁎ Écrasez les pigments dans la résine en vous aidant du dos de votre cuillère , vous obtenez trois petites parts de résine pigmentée que vous allez mélanger chacune dans un gobelet contenant une cuillère à café de résine. Mixez soigneusement et n'ajouter votre durcisseur qu'après avoir effectué ce mélange (rappel : ici une demi cuillère à café de durcisseur pour une cuillère à café de résine).

⁎ Ajouter ces trois petites parts de résine pigmentée au dessus de vos trois cabochons : à l'aide d'une aiguille créer des tourbillons pour un effet marbré.
Je vous invite à ce sujet à faire des recherches sur la «manucure marbrée» pour laquelle il existe de nombreux tutoriels et que vous pouvez appliquer à la résine comme je les fais ici.

5

⁎ Laissez sécher à nouveau 24h.

⁎ Démoulez vos cabochons et appliquez avec beaucoup de minutie vos pochoirs adhésifs : ici motifs papillon et lierre. Tout comme pour les bijoux rayés, déposez vos cabochons sur du papier journal, apsergez-les de peinture blanche, patientez puis décollez avec précaution vos pochoirs. Pour une finition impeccable recoulez quelques mm de résine transparente sur le dessus. (5)

⁎ Les ronds étant épais, percez-les de part en part, pour les enfiler et terminez votre montage selon votre goût.

⁎ Voilà des projets à décliner à l'infini, de toutes couleurs et de toutes formes !

Collier pastilles lettres

Fournitures

Moule médium brillant (Little-windows.com)
ou 1 moule en silicone souple à fond plat de 25, 30 ou 35 mm (pour chocolat ou pâtisserie)
Résine époxy transparente
Colorant orange et blanc (Rayher)
Gobelets et cuillères en plastique jetable
1 feuille de plastique transparent pour rétroprojecteur
1 pince et des perles à écraser
1 paire de ciseaux à bouts ronds

Pour le montage

1 fermoir
2 perles argentées à trou large
6 anneaux ouverts argentés 9 mm
26 cm de cordon plastique orange
2 embouts pour cordon de 4 mm
Colle et pince

Réalisation

✻ Choisissez votre décor à imprimer. Ici je suis partie sur l'idée de lettres colorées.

✻ Réduisez le motif à la taille du diamètre de votre moule. Imprimez-le sur le film transparent autant de fois que le projet le nécessite.

✻ Préparez un mélange de résine transparente : environ une cuillère à café de durcisseur pour deux cuillères de résine.

✻ Mélangez doucement pendant environ 3 minutes à l'aide de la cuillère jetable.

✻ Ajoutez environ 3 gouttes de colorant orange, mélangez de nouveau puis laissez poser.

✻ Placez le moule contre une paroi, ici un simple couvercle de boîte en plastique, de façon à ce que le moule soit un peu penché.

✻ Déposez de la résine orange, juste ce qu'il faut pour recouvrir un peu moins de la moitié du fond du moule. À ce stade il faudra laisser sécher au moins 12h voire plus, selon la température ambiante de votre pièce. **(1)**

✻ Entre temps découpez avec beaucoup de minutie les motifs que vous avez choisis. Ôtez un petit morceau en bas du décor. Pourquoi ? Parce que ce morceau enlevé évitera que des bulles d'air viennent se déposer entre la résine et le film transparent ; à ce niveau-là notre grand ennemi sont les bulles d'air.

✻ Repositionnez le moule horizontalement. Préalablement pensez à découper un morceau de papier fleuriste et posez-le dessous pour ne pas abîmer votre plan de travail.

✻ Préparez à nouveau de la résine transparente toujours en respectant la proportion d'une dose de durcisseur pour 2 doses de résine.

✻ Déposez-en dans chaque cavité de façon à obtenir un fond transparent horizontal, puis déposez votre décor et recouvrez-le de résine. **(2)**

✻ Ne remplissez pas votre moule jusqu'en haut, laissez au moins 3 à 4 mm d'espace libre de façon à pouvoir ajouter une couche de fond !

Attention : à ce niveau votre décor n'est pas ce que vous avez face à vous, il se situe à l'arrière de votre travail. Ici j'ai veillé à placer les lettres sur l'envers puisque lorsque je vais démouler mes formes, elles seront sur l'endroit. Pensez-y selon votre motif !

✻ Laissez à nouveau sécher entre 12 et 24h.

1

2

✻ Pour la suite vous avez besoin de résine colorée avec le colorant blanc, il ne vous en faut pas beaucoup. Tout dépend de la hauteur que vous avez laissée à l'étape précédente.

✻ Remplissez avec la résine jusqu'au ras du moule. Si des petites bulles se forment, il suffit de passer un coup de heat-gun très rapidement au-dessus de la résine et elles disparaîtront. Si vous ne possédez pas de heat-gun un sèche-cheveu fera l'affaire mais utilisez-le à faible vitesse de ventilation. **(3)**

✻ Patience de nouveau ! Il faudra laisser sécher 24h et si vous utilisez la même marque de moule qu'indiqué, je vous conseille d'attendre davantage ! Parfois 2 à 3 jours sont nécessaires et vos pièces se démouleront alors avec une grande facilité. **(4)**

✻ Vous pouvez penser à d'autres combinaisons possibles avec ces explications ! Il y a tant de choses à essayer, de motifs à imprimer, de couleurs à combiner.

Astuce : avant de démarrer votre projet et pour vous aider à choisir la couleur de fond, testez votre motif imprimé sur le film transparent sur divers supports colorés, ainsi vous pouvez visualiser le fond qui fera le mieux ressortir votre décor !

✻ Pour le montage, voir les explications page 22 du collier effet optique.

3

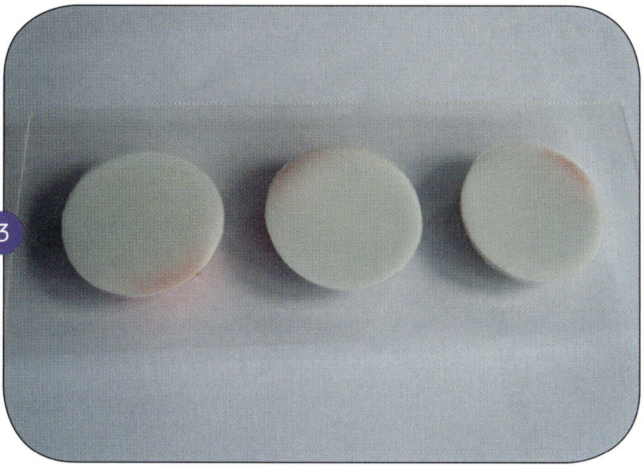

4

Bijou donut

Fournitures

Résine époxy transparente

Moule en silicone forme donut (voir p. 6)

Perles d'eau douce

Perles nacrées blanches

Nacre

Perles de verre transparentes

Papier abrasif, grains 400, 600, 800, 1000, 1200 et 1500

Polish pour carrosserie voiture ou pâte à polir

Réalisation

✲ Préparez votre résine. Versez-la dans votre moule (voir p. 6) et laissez-la épaissir quelques heures.

✲ Pensez bien qu'avec ce genre de moules vous travaillez à l'envers. C'est à dire qu'il faut veiller à déposer en tout premier vos plus petites perles, puis les moyennes et les plus grosses en dernier lieu.

✲ Ce que vous souhaitez qui soit le plus en avant après démoulage devra être inclus en premier lors de vos inclusions !

✲ Laissez sécher 24h, démoulez et patientez de nouveau au moins 24h avant de commencer le ponçage de votre pièce. En effet, votre pièce présentera quelques irrégularités sur l'arrière qu'il faudra enlever à l'aide d'un ponçage minutieux

✲ Commencez avec le papier abrasif grain 400 et à l'eau savonneuse.

✲ Poncez bien à plat pour adoucir le contour de votre donut, puis continuez au grain 600 jusqu'au plus fin.

✲ Parfois il est nécessaire d'effectuer ce travail tout autour de votre donut, sans toucher le dessus qui en général est déjà bien brillant et sans irrégularités.

✲ Rincez votre pièce régulièrement sous l'eau entre chaque changement de papier pour enlever tous les grains de poussière qui pourraient entraîner des rayures.

✲ Terminez en lustrant avec un polish pour carrosserie automobile ou une pâte à polir.

Attention : il est recommandé de porter un masque lors du ponçage de vos pièces pour ne pas inhaler les particules de poussière de résine qui sont nocives pour la santé !

Bijoux papillons

Fournitures

Moules papillon (voir p. 7)
Résine époxy transparente
Colorant noir
Papier abrasif grain 400 jusque 1500

Pour le montage du sautoir

Chaîne argentée de la longueur qui vous convient
3 anneaux argentés ouverts de 9 mm de diamètre
3 clous argentés
1 perle ronde violette
Deux grosses perles coniques transparentes de ton violet
Pince multifonction 3 en 1 (Perles and Co)

Pour le montage des boucles

Des clous à tête arrondie
Perles rondes violet nacré
Supports de boucles d'oreilles en argent ou argenté

Réalisation

⁂ Préparez votre résine et une fois votre mélange résine/durcisseur convenablement mélangé, ajoutez quelques gouttes de colorant noir à l'aide d'un cure-dent.
Mélangez bien.

⁂ Versez votre résine dans les deux petits moules papillon prévus pour vos boucles et le restant dans le moule papillon avec les quatre trous dans les ailes. **(1)**

⁂ Laissez sécher 24h puis patientez à nouveau 24h avant de poncer vos pièces.

⁂ Reprenez votre papillon avec les quatre trous dans les ailes et placez-le dans votre moule papillon plein. Préparez de la résine transparente ou colorée selon votre envie !
Laissez-la bien épaissir et versez-la dans les orifices.

⁂ Pour ce style de bijou il vous faudra beaucoup de surveillance. En effet, la résine va couler sous votre papillon et il faudra donc revenir régulièrement en ajouter afin que tout soit au même niveau après séchage.

⁂ Laissez sécher 24h. Démoulez, et patientez à nouveau 24h. Une fois votre bijou bien sec, poncez les bords de votre pièce en la tenant bien à plat sur un papier abrasif (grain 600) humide en faisant des mouvements circulaires

1

⁂ Percez deux trous à chaque extrémité des deux ailes supérieures du papillon. Passez un anneau ouvert.

⁂ À l'aide d'une pince, faites un rond à l'extrémité d'un clou que vous passez dans l'anneau. Glissez votre perle ronde violette, coupez l'excédent du clou et faites de nouveau un rond en le passant dans un maillon de votre chaîne. Veillez à bien fermer votre clou.
Procédez de la même façon pour vos perles transparentes.

⁂ Percez vos boucles au milieu à l'aide d'une mini foreuse. Fixez votre clou à tête ronde (que vous recoupez à la longueur désirée) avec de la résine dans le trou.

⁂ Laissez sécher 24h.

⁂ Arrondissez votre clou en formant une boucle. Formez une boucle à un deuxième clou, assemblez les deux boucles. Glissez votre perle, refaites une boucle et fixez cette dernière au support.

⁂ Voilà une parure simple et féminine que vous pouvez décliner dans toutes les couleurs que vous souhaitez. Vous pouvez imaginer d'autres formes à l'intérieur des ailes, des ronds plus importants ou des losanges ; tout est possible !

⁂ Vous pouvez également vous servir de moules à chocolat pour créer toutes formes de bijoux, (cœurs, ronds etc) avec la même technique que décrite ci-dessus.

Pendentifs bulles

Fournitures

Moule pour perle (voir p. 5)
Résine époxy transparente
Perles de Swarovski (compter environ 70 perles de 4 mm pour une boule de 25 mm)
Fleurs séchées miniatures que l'on trouve dans les boutiques de nail-art ou bouquets séchés
1 clou
Polystyrène
Papier fleuriste ou cristal
Clou en argent ou bélière
Papier abrasif grain 400
Lingette bébé

Réalisation des pendentifs

⁜ Préparez votre résine, versez-la dans votre moule (voir p. 5).

⁜ Pour les bulles en résine avec perles Swarovski, déposez-en environ une trentaine à l'intérieur de votre moule. Si vous souhaitez obtenir un effet de perles en suspension dans la résine, laissez celle-ci s'épaissir au moins 6h, parfois plus selon la température et continuez d'inclure vos perles progressivement.

Remarque : il faudra tester plusieurs fois pour évaluer le temps d'attente nécessaire pour inclure vos perles si vous les aimez en suspension ! Prenez des notes et au fur et à mesure de vos essais vous pourrez parfaitement déterminer vos possibilités.

⁜ Veillez à ne pas remplir votre moule avec trop de perles au sommet car il faudra percer pour fixer votre clou !

⁜ Vous pouvez choisir d'inclure des petites fleurs séchées que vous aurez trempées préalablement dans de la résine pour éviter les bulles. Poussez-les à l'intérieur de votre moule à l'aide d'une aiguille ou d'un cure-dent.

⁜ Pensez à inclure des mini coquillages, des perles nacrées ou autres, des paillettes ou tout objet miniature qui passera par l'orifice de votre moule.

⁜ Ici vous travaillez à l'aveugle car le moule est fermé ! Patientez 24h et vous aurez la surprise de votre travail au démoulage.

⁜ Après avoir demoulé votre perle, attendez encore une journée ou deux et poncez le dessus de votre perle qui présente de légers défauts avec du papier abrasif, grain 400. Terminez avec un léger ponçage tout autour de votre perle, ce qui permettra une meilleure adhésion de votre résine.

⁜ Nettoyez votre perle avec une lingette bébé, laissez bien sécher.

⁜ Percez à l'aide d'une mini-perceuse. Fixez votre perle à un clou, et non pas à un cure-dent qui risquerait de casser et de rester collé à l'intérieur de votre perle.

⁜ Une fois votre clou bien fixé, préparez à nouveau de la résine et trempez votre perle dedans en la tournant délicatement et plusieurs fois de façon à ce qu'elle soit bien enrobée de résine. Laissez-la égoutter puis piquez votre clou sur un morceau de polystyrène recouvert lui-même de papier de fleuriste.

⁜ À ce stade soyez patient ! Attendez au moins 24h et ne cédez pas à la tentation de toucher votre perle ce qui provoquerait des traces de doigt, ce serait vraiment dommage à ce stade de la création.

⁜ Une fois ces 24h passées, enlevez votre clou à l'aide d'une pince et procédez au montage.

⁜ Quand on perce la résine elle devient blanche. Avant de déposer le clou qui servira de support, laissez tomber deux à trois gouttes de résine à l'intérieur du trou et frottez tout autour à l'aide d'une aiguille pour que la résine redevienne transparente.

⁜ Placez votre clou en argent ou calotte avec bélière, laissez sécher 24h et passez votre chaîne.

Bijoux boules

Fournitures

Pour la boule avec fleur séchée

Moule en silicone en deux parties
Résine époxy transparente
Pensée séchée
Deux aiguilles
Papier abrasif grain 400
Lingette de bébé
Clou
Polystyrène
Papier de fleuriste ou cristal
Bélière ou clou en argent
Chaîne

Pour la boule bicolore

Moule en silicone en deux parties
Résine époxy transparente
Colorant noir
Pierres semi-précieuses, couleurs au choix

Pour la boule abeille

Moule en silicone en deux parties
Résine époxy transparente
Colorant noir et jaune
Pâte Oyumaru pour les ailes
Pâte polymère
Yeux à coller

1

2

Réalisation boule avec fleur séchée

⁂ Il faut compter deux à trois jours pour réaliser ce style de bijou. En effet : les fleurs, une fois séchées, sont très délicates et d'une grande légèreté. Si vous déposez votre fleur directement dans la résine elle remontera systématiquement vers le haut et vous n'obtiendrez rien de beau.

⁂ Pour remédier à ce problème, préparez un peu de résine, versez-en dans la base du moule, à peu près jusqu'au trois quart. Laissez votre résine épaissir et enduisez votre pensée de résine, ce qui va durcir les pétales et évitera qu'ils ne s'affaissent lors de votre deuxième coulée. **(1)**

⁂ Placez votre pensée au milieu et maintenez-la en équilibre en plaçant deux aiguilles longues à l'avant et à l'arrière de votre fleur.

⁂ Vérifiez régulièrement que rien ne bouge pendant les premières heures de prise de votre résine.

⁂ Patientez 24h, enlevez vos aiguilles et fermez votre moule avec votre deuxième partie ; il se ferme bien grâce aux encoches réalisées. Par sécurité je fixe mes deux parties avec de gros élastiques pour une étanchéité maximale. **(2)**

⁂ Préparez à nouveau de la résine que vous coulez délicatement par votre cheminée. Tapotez sur votre moule afin de faire remonter d'éventuelles bulles qui se seraient formées malgré vos précautions.

⁂ Laissez sécher 24 h en veillant les premières heures à ajouter un peu de résine au sommet car les fleurs séchées ont tendance à absorber votre résine et vous risquez de vous trouver avec un trou au sommet de votre boule qui sera très difficile de rattraper. L'idéal est que votre résine déborde du trou car au démoulage il sera facile de couper l'excédent à l'aide d'un couteau.

⁂ À ce stade votre boule présente des imperfections mais ce n'est pas grave, vous allez y remédier ! **(3)**

3

⁜ Munissez-vous de votre papier abrasif et poncez entièrement votre boule. Insistez sur la ligne du milieu qui a été créée par le moule, elle doit entièrement disparaître. Poncez bien le sommet également, travaillez consciencieusement tout en veillant à conserver la rondeur de votre boule.

⁜ Une fois tous les défauts enlevés, percez votre boule à l'aide d'une foreuse.

⁜ Fixez-la sur un clou dont vous aurez sectionné la tête.

⁜ Préparez à nouveau un peu de résine, laissez-la épaissir et trempez votre boule dedans en la maintenant par votre clou, trempez-la délicatement à plusieurs reprises, laissez égoutter l'excédent de résine et piquez votre clou sur un morceau de polystyrène recouvert d'un morceau de papier de fleuriste ou papier cristal.
(Vous pouvez trouver d'autres détails, voir sur mon blog à la date du 10 juin 2012, page 2 : «Tuto bulle en résine».)

⁜ Attendez 24h, voire 48 h sans rien toucher !

⁜ À l'aide d'une pince, retirez votre clou. Placez votre boule fleurie dans une partie de votre moule ce qui la maintiendra en équilibre le temps que vous fixiez votre clou ou bélière.

⁜ Préparez un peu de résine, à l'aide d'une aiguille versez quelques gouttes dans le trou de votre perle, placez votre clou ou bélière et attendez à nouveau 24 h.

⁜ Il ne vous reste plus qu'à fixer votre boule obtenue sur une chaîne de votre choix.

⁜ Ce tutoriel vous permet de créer toutes les boules en résine fleurie que vous souhaitez !
Comme par exemple cette boule en résine avec une véritable orchidée jaune séchée (voir photo).
N'hésitez pas à faire des essais avec vos propres fleurs que vous aurez laissé sécher au moins un an dans une feuille de papier journal enfermé dans un gros livre.

⁜ Vous pouvez facilement trouver des fleurs séchées de toutes sortes sur le net mais attention, il faudra tester car certaines fleurs, si elles ont été correctement séchées tiendront bien dans la résine, d'autres perdront leurs couleurs et leur éclat après un mois ou deux....
Essayez et vous trouverez la méthode qui vous conviendra le mieux !

Réalisation boule tricolore

Astuce : afin d'évaluer la quantité de résine nécessaire, remplissez votre moule d'eau et versez-là dans un gobelet.

- Divisez ce volume en 3 ; 2 tiers pour la résine transparente, 1 tiers pour la noire.

- Versez la moitié du volume de résine noire dans le fond du moule. Attendez 24h et fermez votre moule.

- Préparez votre résine transparente, versez-là dans votre moule et ajoutez vos pierres semi-précieuses.

- Laissez sécher 24h et terminez en remplissant le reste de votre moule avec de la résine noire.

- Appliquez les mêmes finitions que pour la boule pensée ou orchidée.

Réalisation boule abeille

- Cette boule abeille, pour fêter l'arrivée de l'été, nécessite beaucoup de patience !

- Il faut alterner une couche de résine noire avec une couche jaune en respectant un délai de séchage de 24h entre chacune.

Astuce : s'il vous reste de la résine colorée, conservez-là au congélateur dans un gobelet en plastique couvert avec du film alimentaire. Sortez-la au moins 30 minutes avant de vous en servir, pour lui laisser le temps de retrouver une bonne consistance.

- Appliquez les mêmes finitions que pour les boules précédentes puis collez les yeux.

- Fabriquez vos ailes. Créez le dessin de vos ailes dans de la pâte polymère à l'aide d'une lame. Faites-la cuire selon les indications du fabricant.

- Préparez votre mélange Oyumaru comme indiqué par le fabricant et appuyez vos ailes dans cette pâte pour créer votre empreinte. **(1)**

- Coulez un peu de résine dans votre moule Oyumaru, patientez 24h et démoulez délicatement.

- Collez les ailes à votre boule abeille.

1

Bracelet bicolore

Fournitures

Deux moules en silicone (voir p. 9 moules pour bracelet bicolore)
Résine époxy transparente
Colorant noir et fuchsia (Rahyer)
Papier abrasif du grain 400 au grain 1500
Pâte à polir
Polisseuse

Réalisation

⁂ Commencez par le moule du bracelet de la partie des 3/4.

⁂ Préparez votre résine, colorez-la avec le colorant noir et coulez-la dans votre moule.
Laissez sécher 24h démoulez et patientez de nouveau une journée. Poncez les bords et les contours.

⁂ Placez cette partie de bracelet obtenue dans votre moule pour bracelet entier.

⁂ Préparez à nouveau de la résine que vous colorez en fuchsia et remplissez votre moule.

⁂ Attendez de nouveau entre 24 et 48h et démoulez votre bracelet.

⁂ À ce stade votre bracelet porte des imperfections qu'il va falloir effacer.

⁂ Commencez à poncer votre bracelet bien à plat et de chaque côté au grain 400 pour obtenir des bords bien réguliers. Puis poncez l'ensemble de votre bracelet à l'eau en allant du plus gros grain au plus fin.

⁂ Plus vous allez prendre de soin durant ces étapes, meilleur sera le résultat !

⁂ Le ponçage est une partie difficile et peu agréable mais nécessaire pour redonner du brillant et enlever toutes les imperfections et rayures de vos bijoux.

⁂ Une fois votre ponçage terminé appliquez généreusement votre pâte à polir puis passez votre bracelet à la polisseuse.

Bague turquoise fleurie

Fournitures

Moule pour bague
Résine époxy transparente
Peinture vitrail turquoise
Fleurs séchées blanches
Papier abrasif du grain 400 au grain 1500 voire 1800 ou 2000
Polish pour voiture ou pâte à polir
Tissu en flanelle ou polisseuse

Réalisation

* Préparez votre résine et ajoutez des gouttes de peinture vitrail selon la couleur souhaitée, tout en sachant que la couleur s'atténue dans le temps, en tout cas pour certaines teintes comme par exemple le vert. Bien mélanger.

* Coulez la résine dans votre moule. Laissez épaissir quelques heures, trempez vos fleurs dans la résine et ajoutez-les en les poussant à l'intérieur du moule à l'aide d'une aiguille.
Vérifiez qu'elles ne remontent pas à la surface, ce qui arrive fréquemment !

* Laissez sécher votre bague au minimum 24h, si vous avez le courage attendez plutôt 48h afin que votre anneau soit bien résistant lorsque vous l'expulserez hors du moule.

* Patientez de nouveau au moins 24h avant de procéder au ponçage. Terminez en lustrant avec un morceau de tissu en flanelle imbibé de polish ou de pâte à polir, éventuellement en vous aidant d'une polisseuse.

* Pour le modèle rouge uni j'ai utilisé du pigment rouge de chez Rahyer.

* Pensez à bien écraser vos pigments dans un petit peu de résine étalée sur un film plastique ou un carrelage, afin de ne pas avoir de résidus ! Incorporez la pâte obtenue dans votre résine et versez-la dans votre moule (voir détails du mélange des pigments p. 39 collier pochoirs).

Note : les fleurs séchées employées sont issues d'un magasin de bouquets de fleurs séchées que j'ai déniché sur la route de mes vacances.

* Vous pouvez en trouver sur le net mais toutes ne tiennent pas bien dans la résine ! Cela dépend de la qualité et de la méthode de séchage employées. Là aussi il vous faudra faire des essais !

Mon blog : L'Atelier de Jade (http://atelierdejade.canalblog.com)
Ma page Facebook : Jade Lamory (Atelier de Jade)

Remerciements

Merci à mes deux filles Laura et Cécile Levasseur pour leurs avis sur mes bijoux, leur patience lorsqu'elles me servaient de modèles pour mes photos.
Merci à mon mari, Jean Peelman pour son aide, sa patience et ses encouragements.

Merci aussi à mon amie Andrée Brouir (alias Dédée, blog : Redfairy créations) pour son amitié, son soutien quotidien sans faille et à mon amie Sophy (blog : Crea'Sofimo).

Conception graphique
Nelly Riedel

Photographies
Julien Clapot (couverture et mises en scène)
Véronique Lamory (photos d'étape)

Photogravure
Pulsio

Achevé d'imprimer en Avril 2014
sur les presses de l'imprimerie Pulsio Bulgarie

Dépôt légal
2e trimestre 2014

Isbn : 978-2-35032-286-5

6, rue Deguerry
75011 Paris
Tél. : 01 40 21 35 42
www.editionslinedite.com